MANDALA DA COLORARE

Illustrazioni da colorare di ogni tipo di difficoltà

Benvenuti nel mondo dei mandala.
Questo libro vi invita a immergervi in una meditativa esperienza
artistica attraverso la colorazione di splendidi mandala.
Sfogliate le pagine e lasciatevi ispirare dalla
bellezza delle forme e dei dettagli intricati,
mentre la mente si rilassa e si rigenera.
Scoprite la vostra creatività e lasciate che
la colorazione vi conduca verso la serenità interiore.

Metti un po' di musica, accendi un incenso e lasciati guidare dai colori...

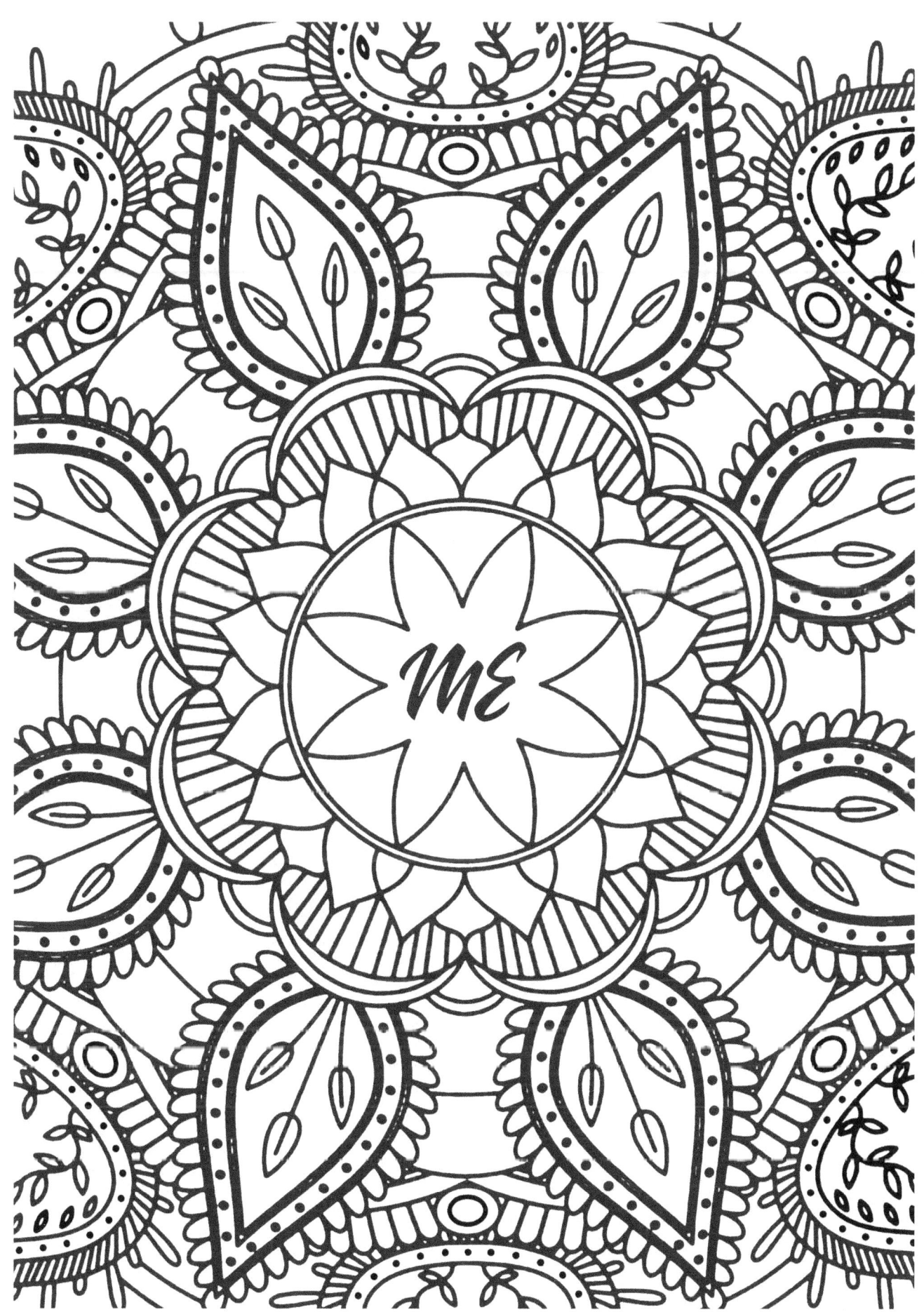

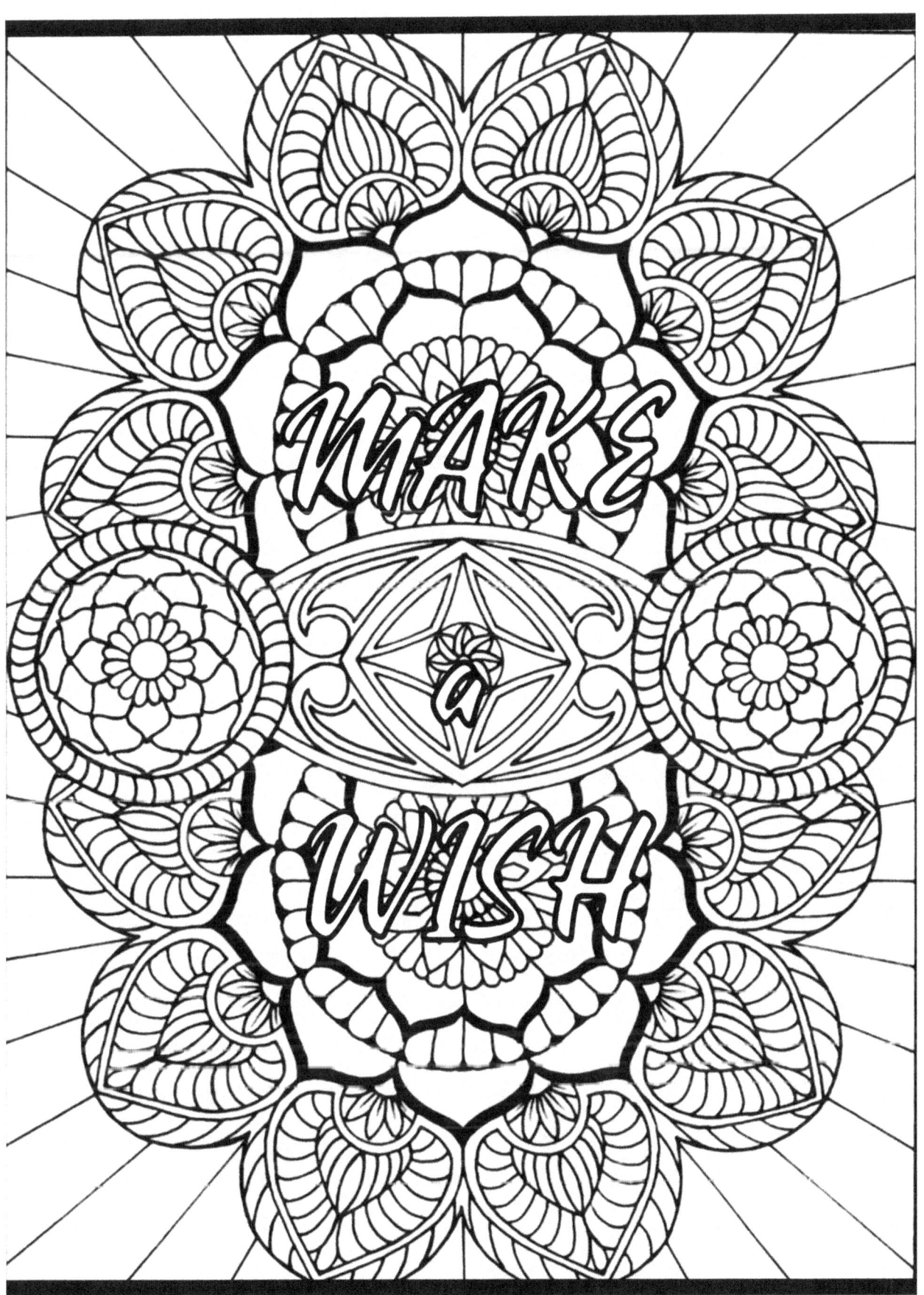

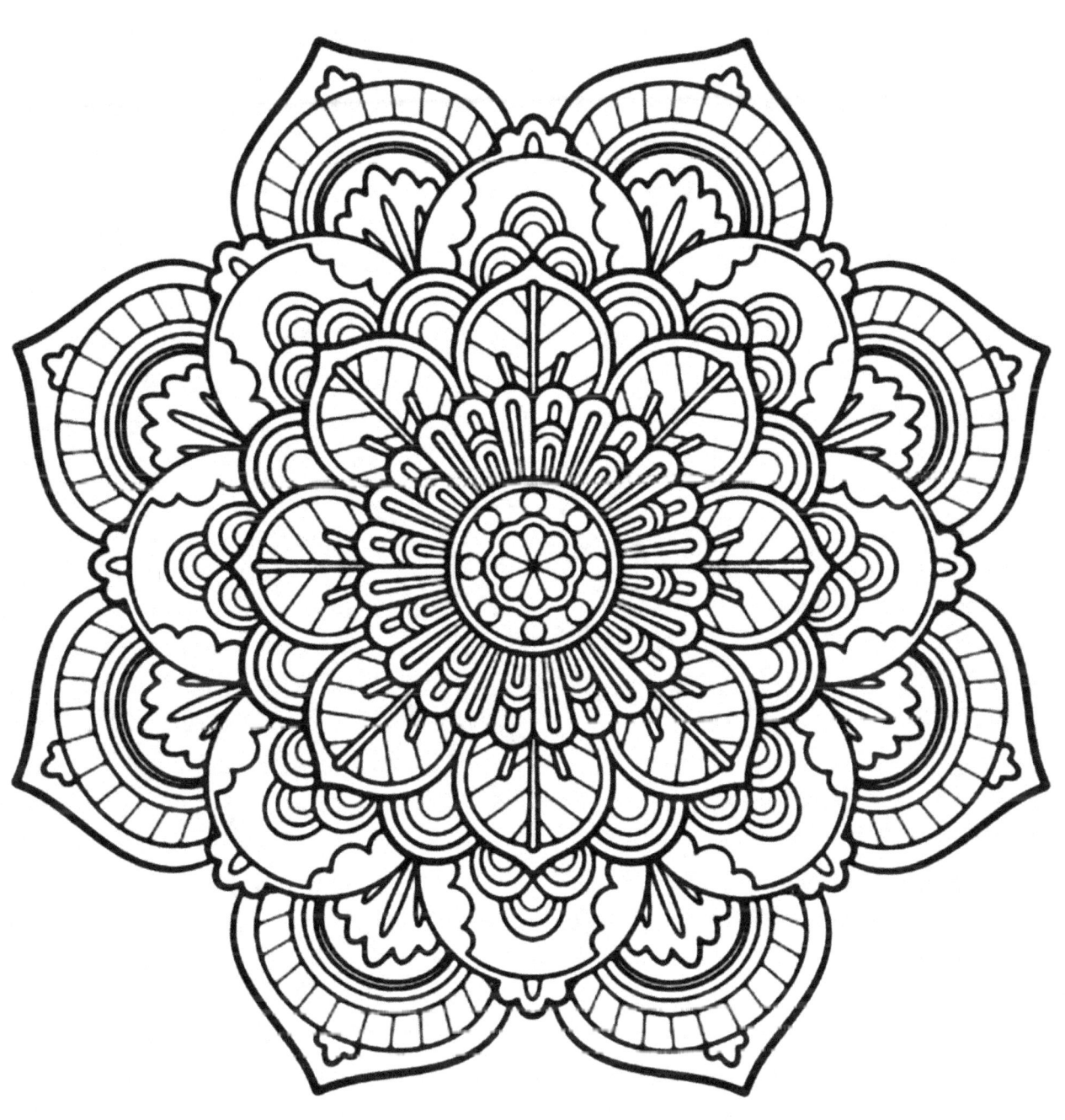

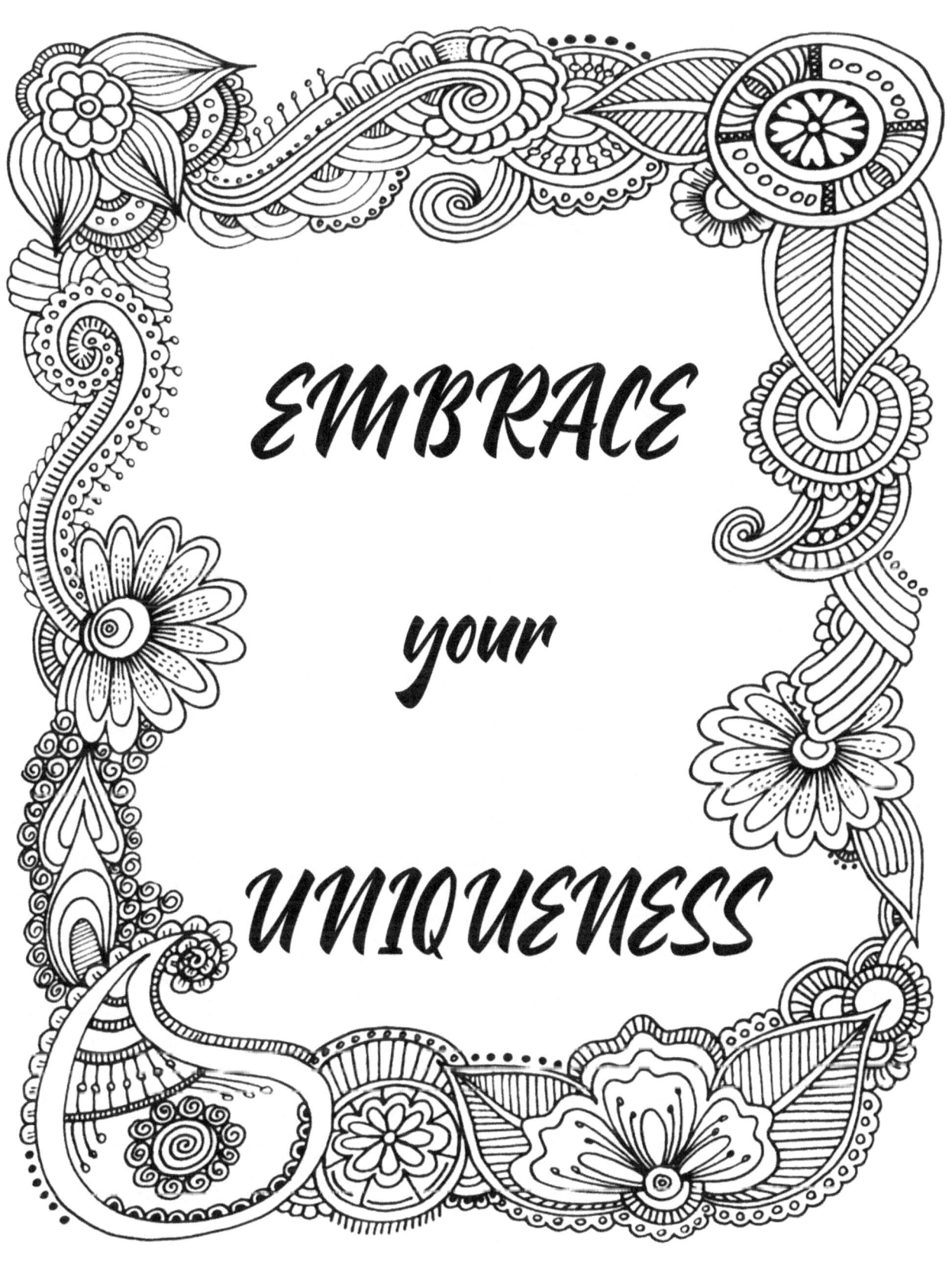

EMBRACE

your

UNIQUENESS

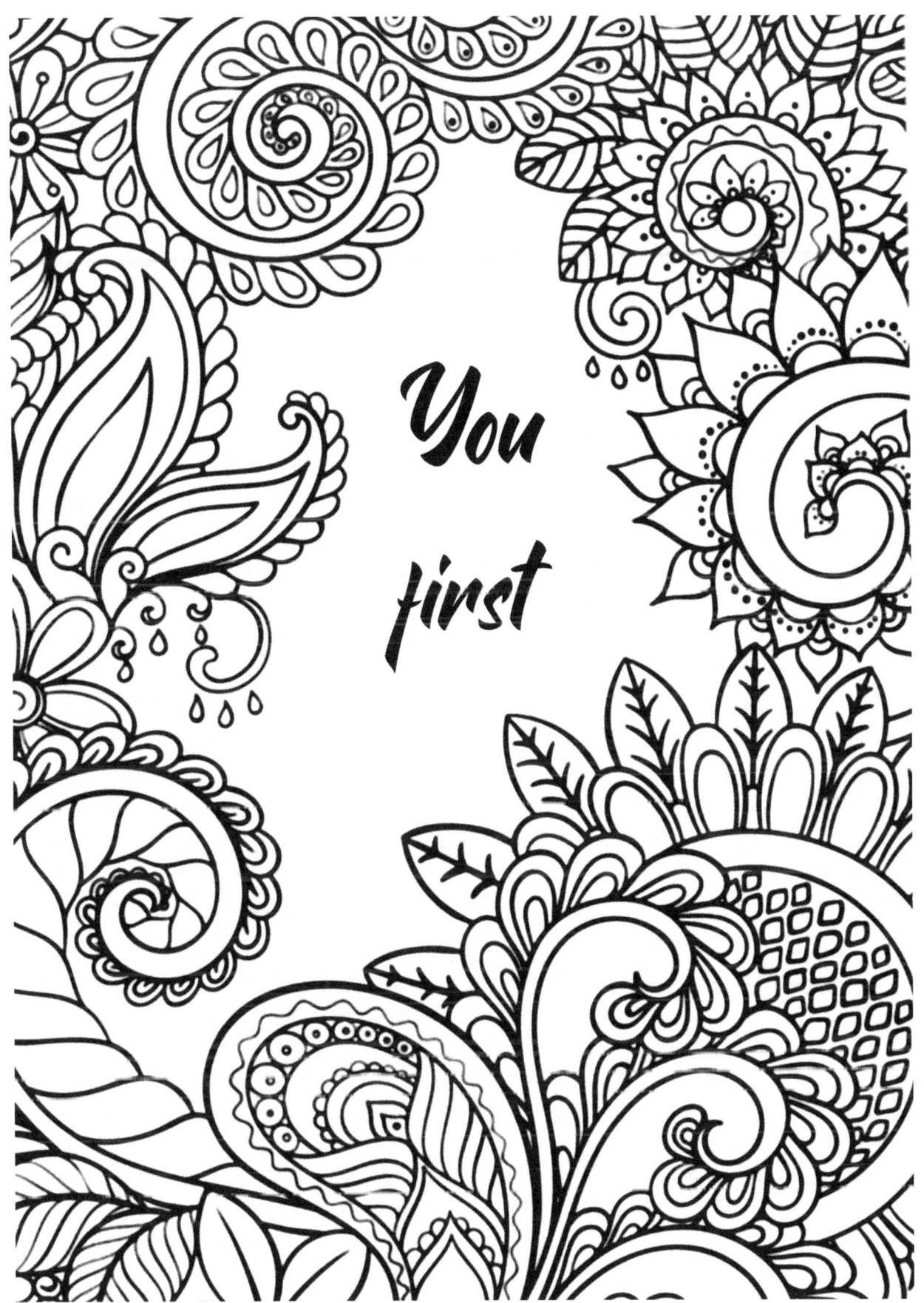

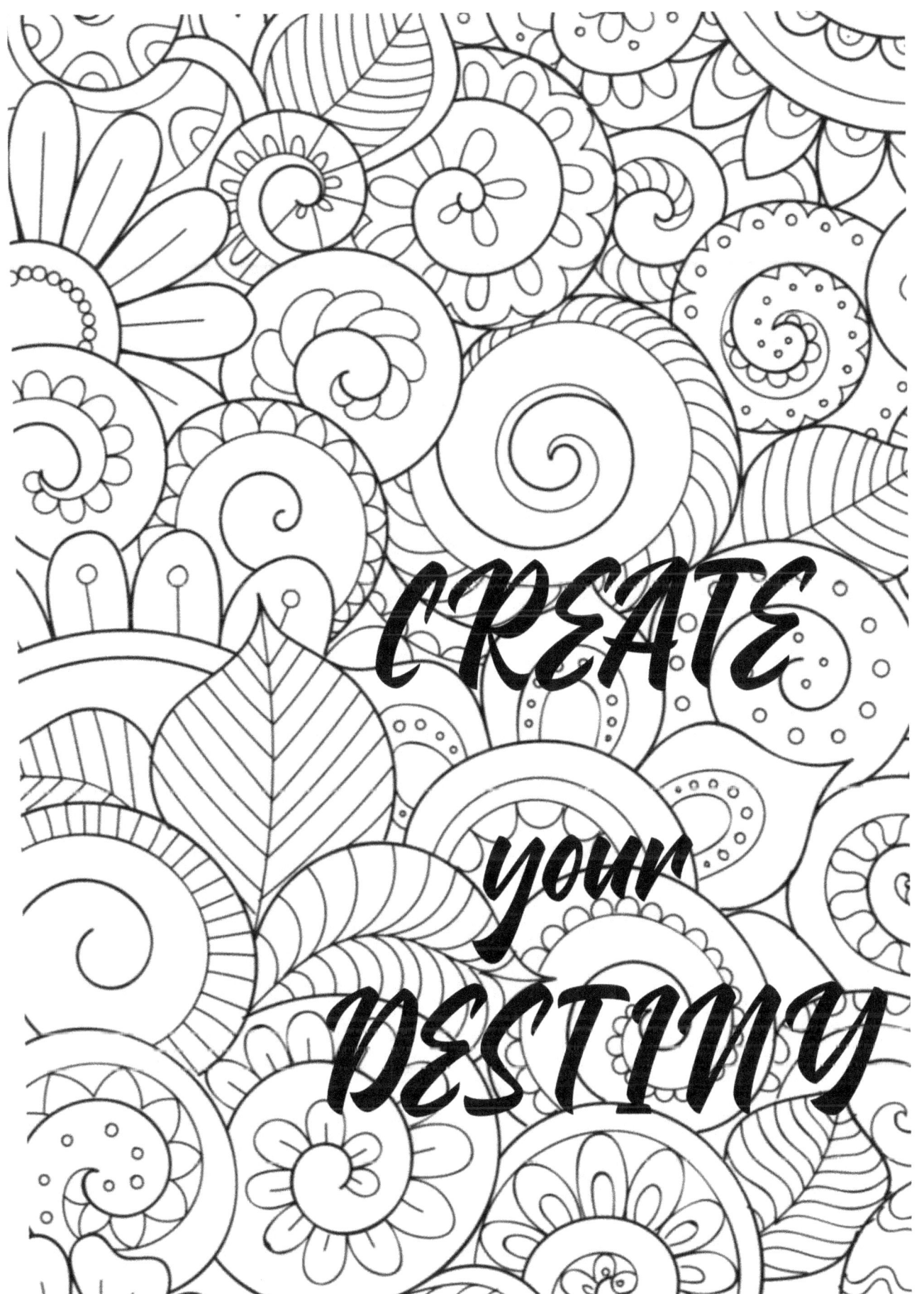

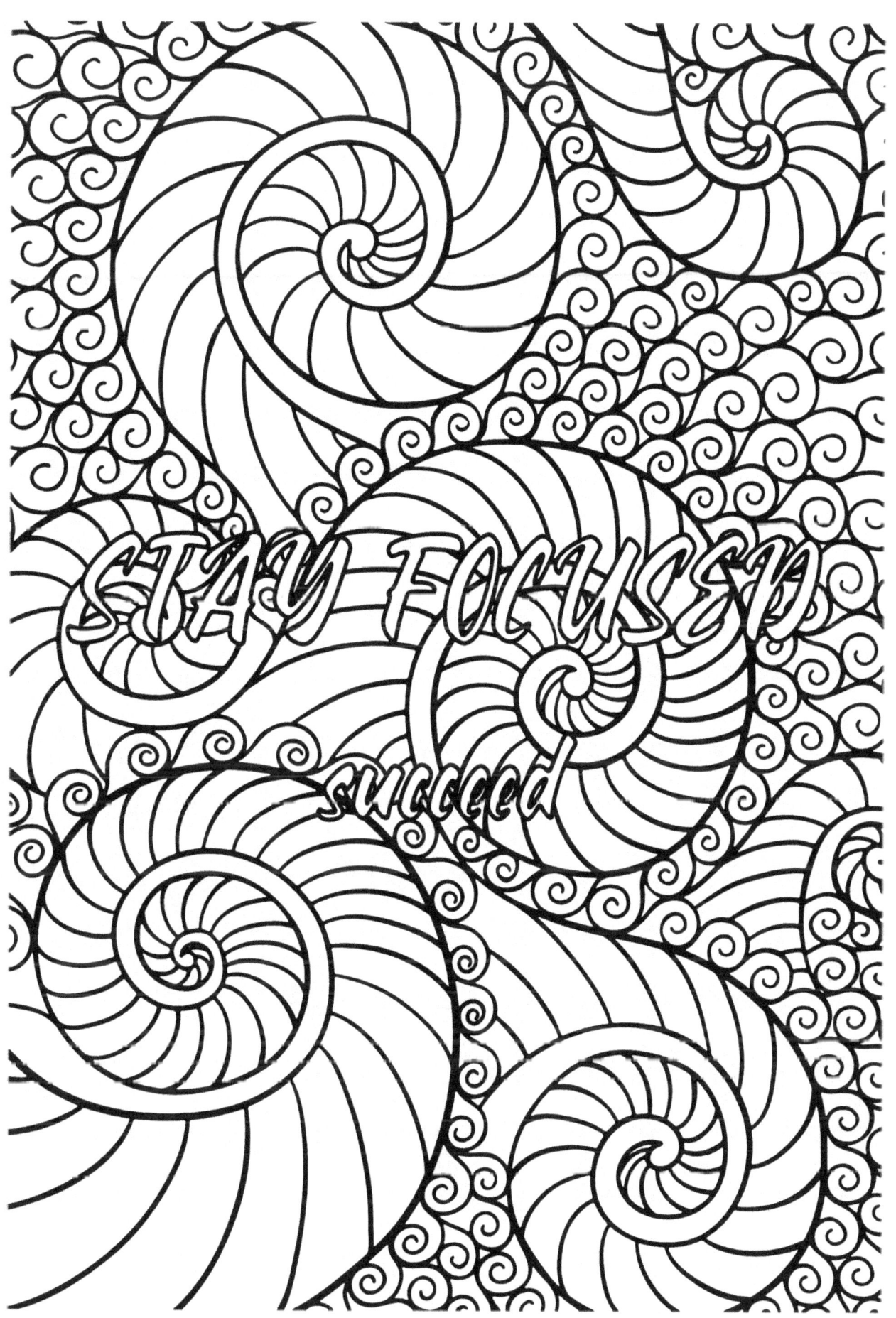

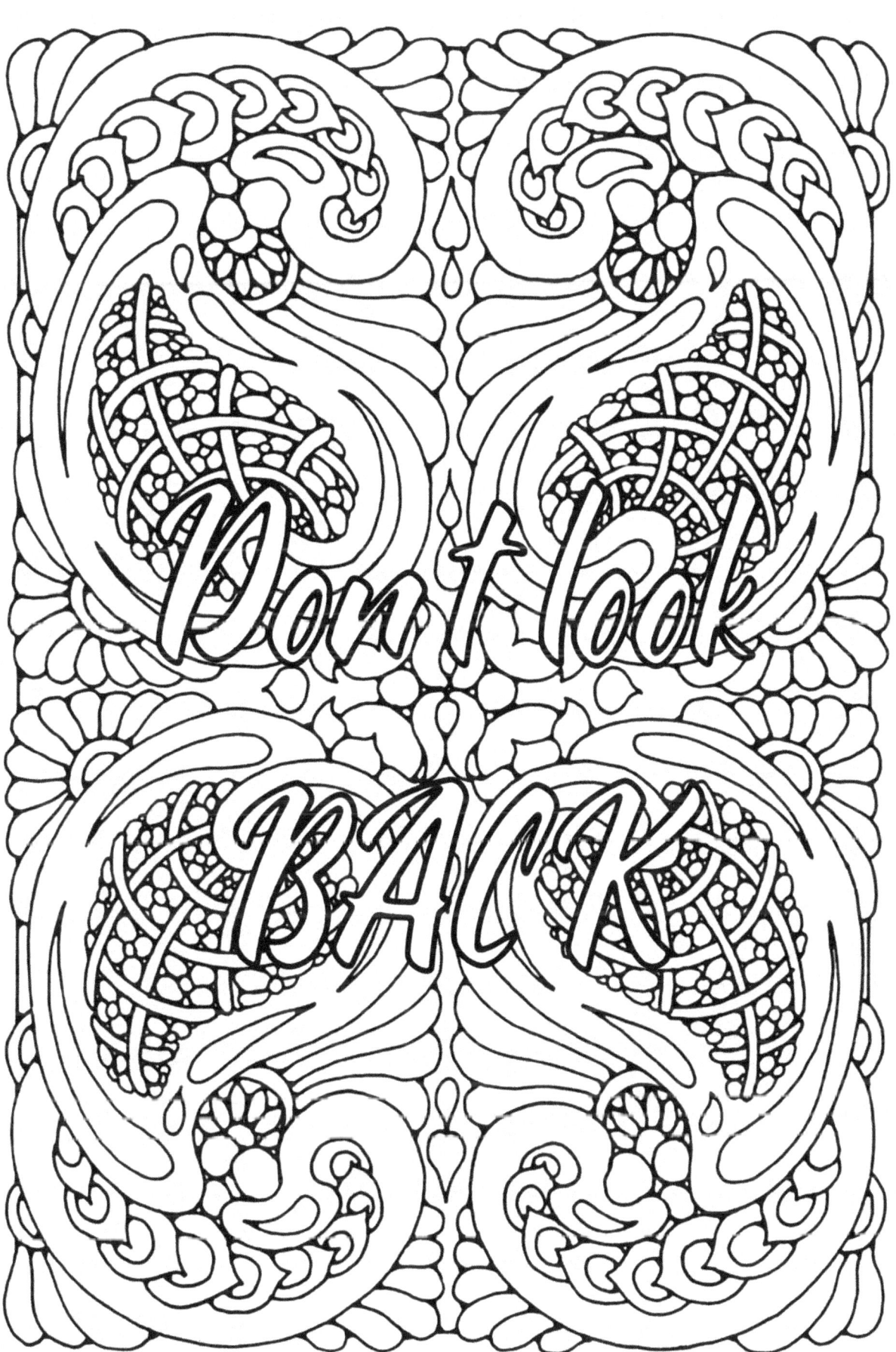

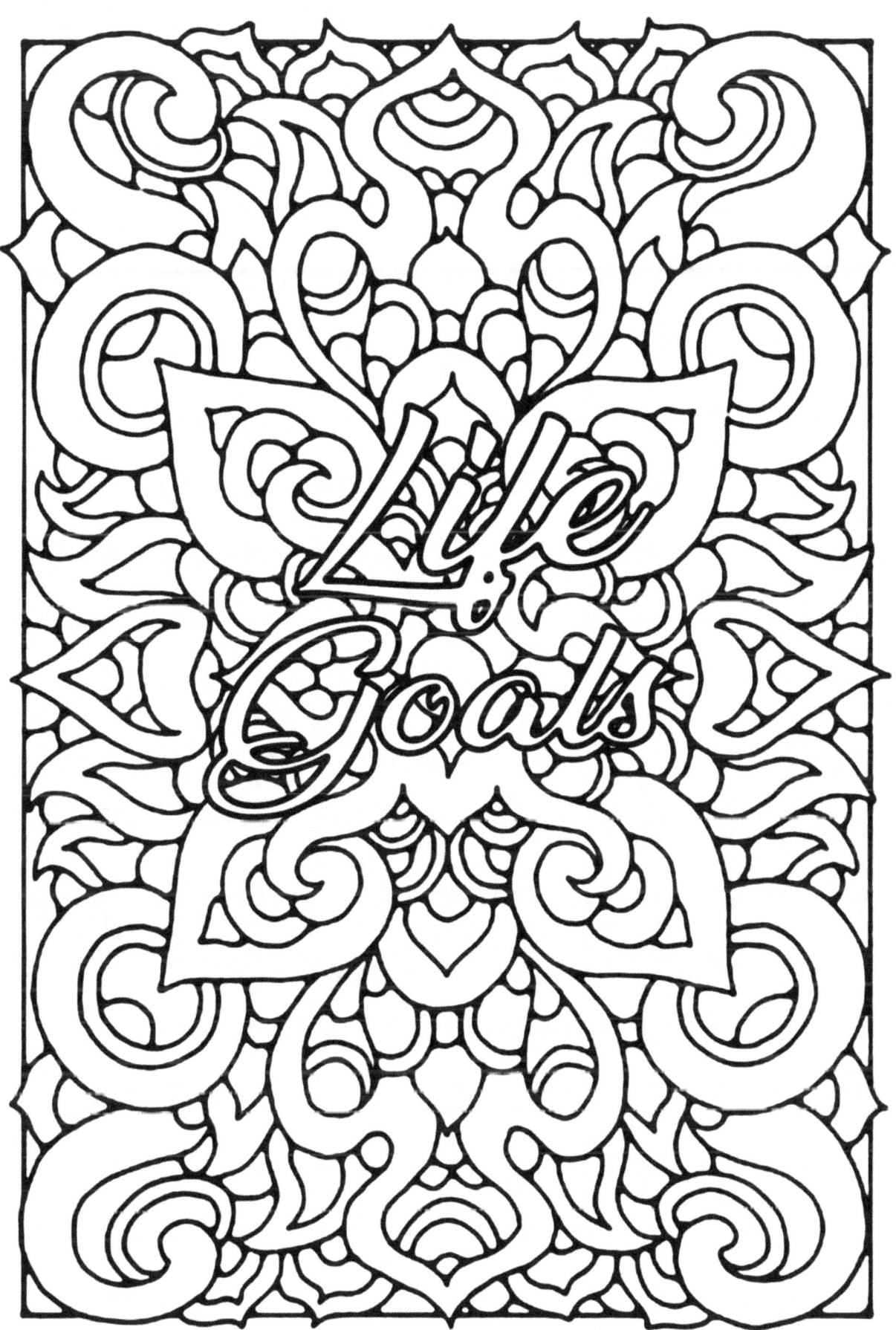

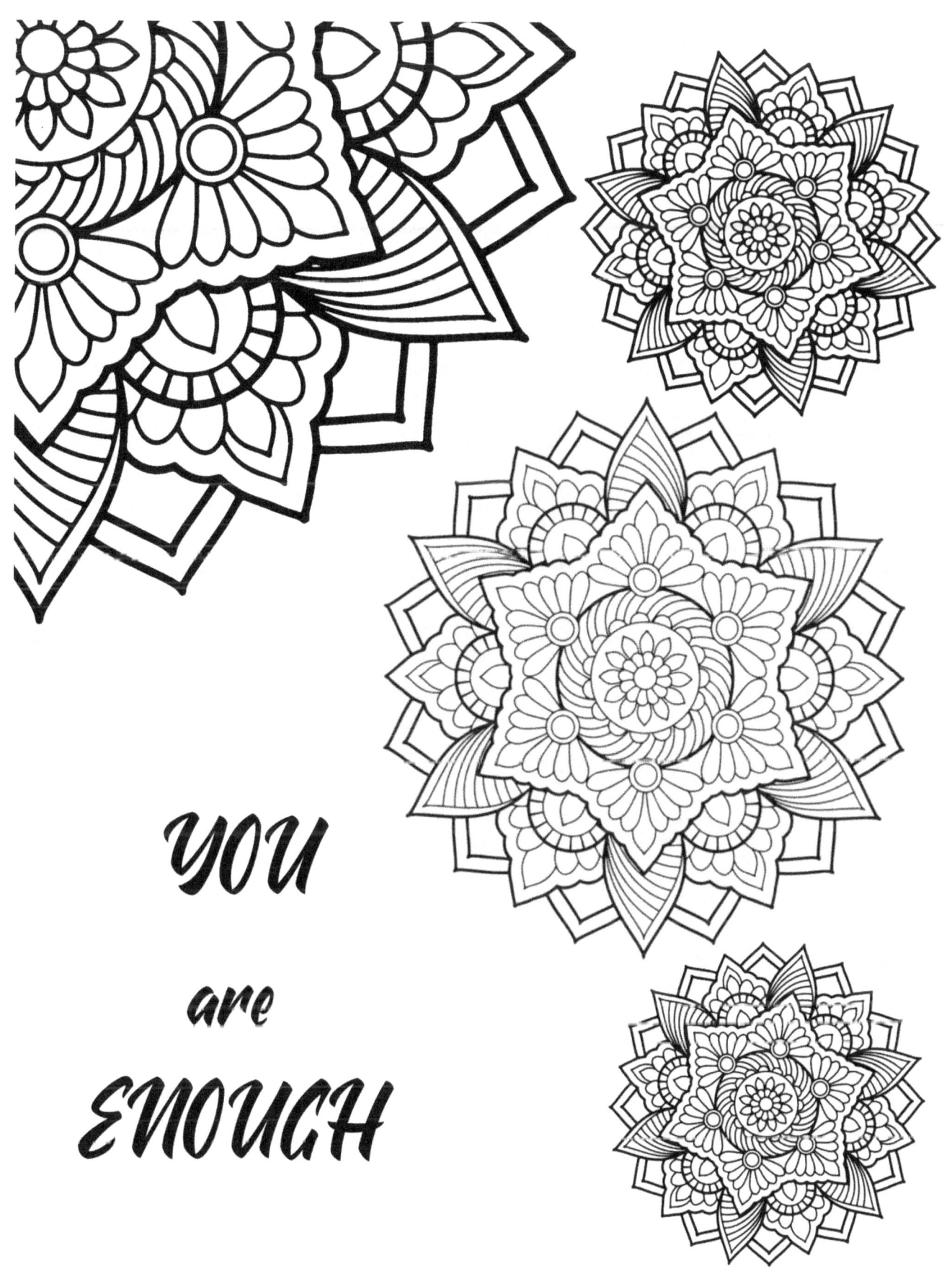

YOU

are

ENOUGH

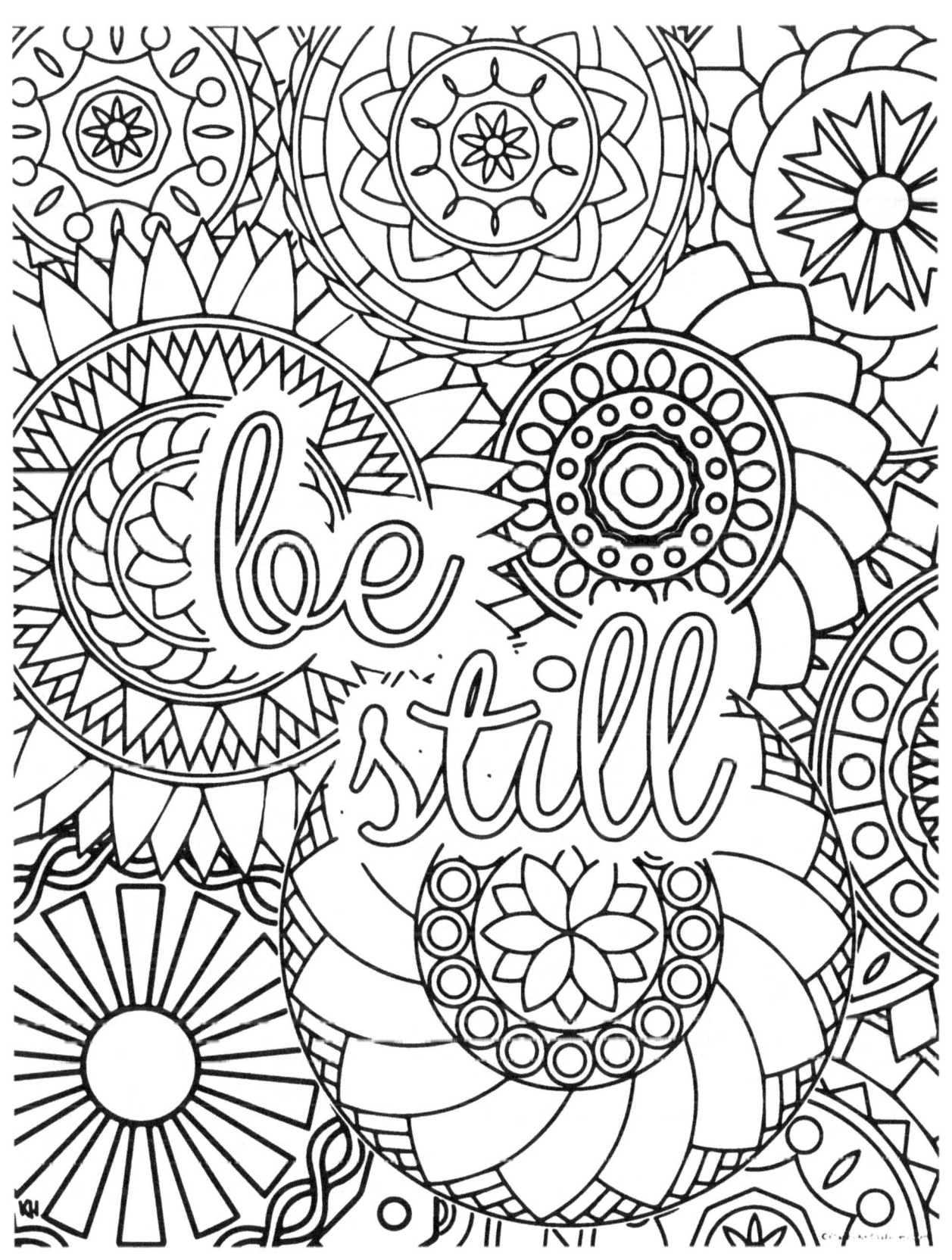

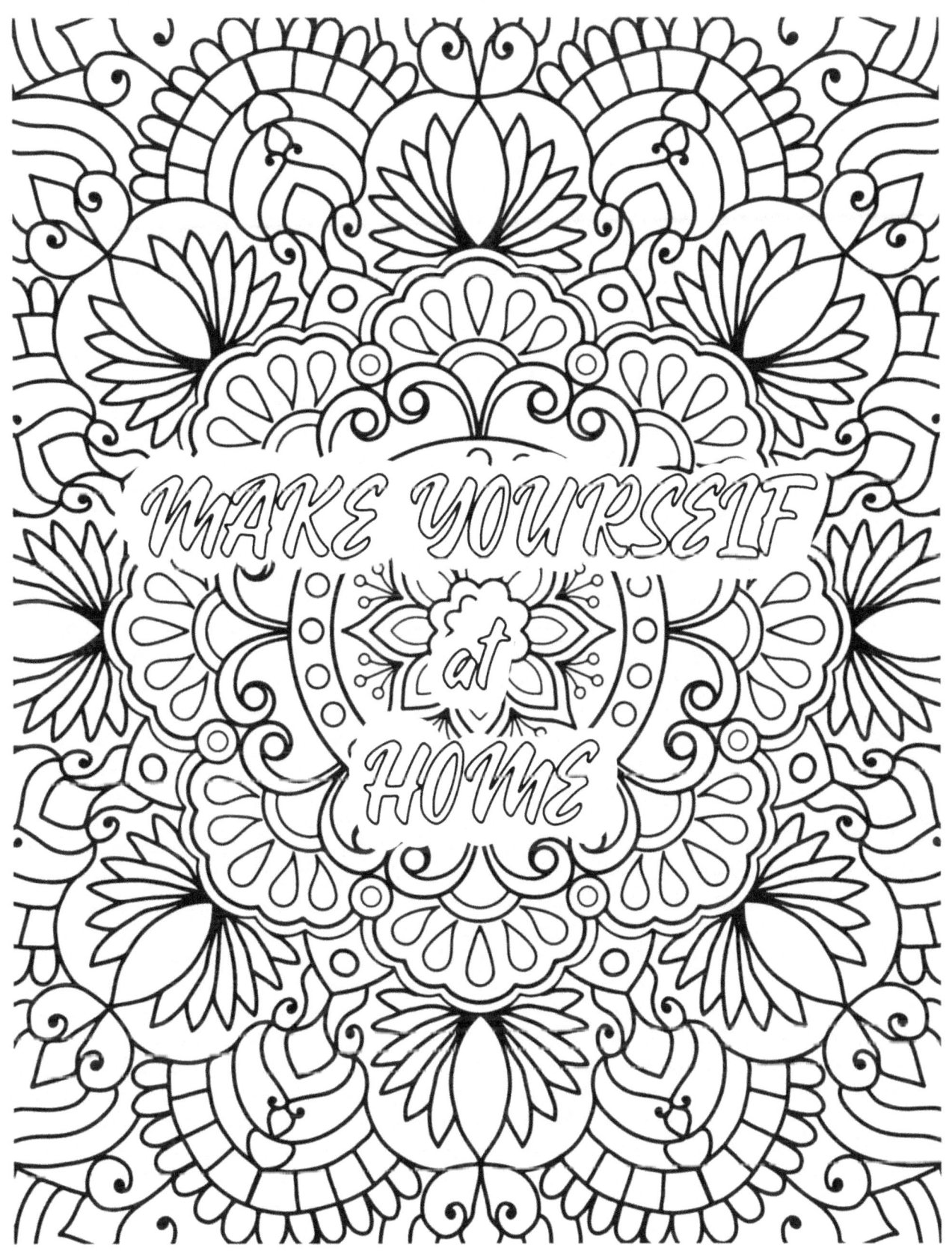

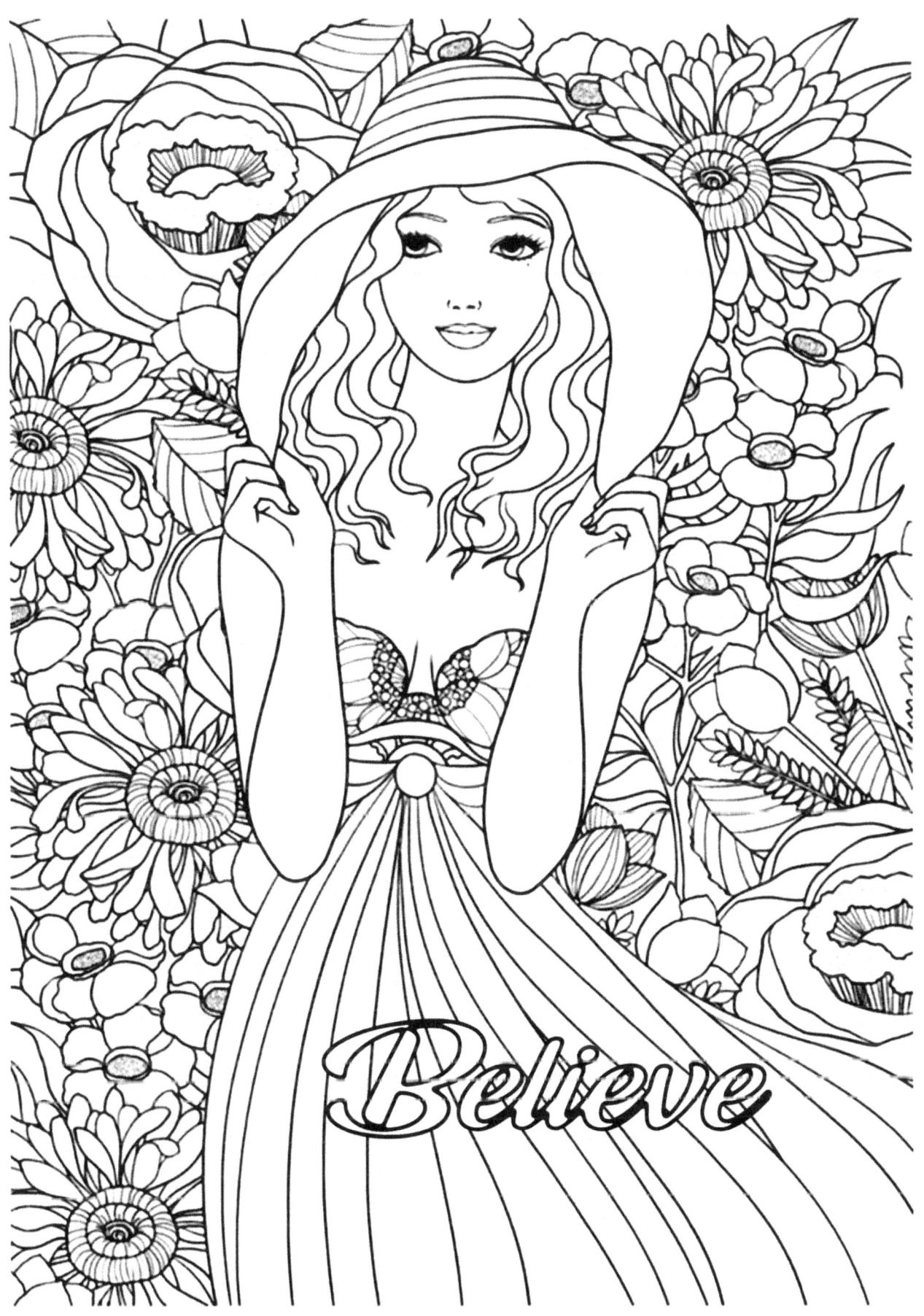

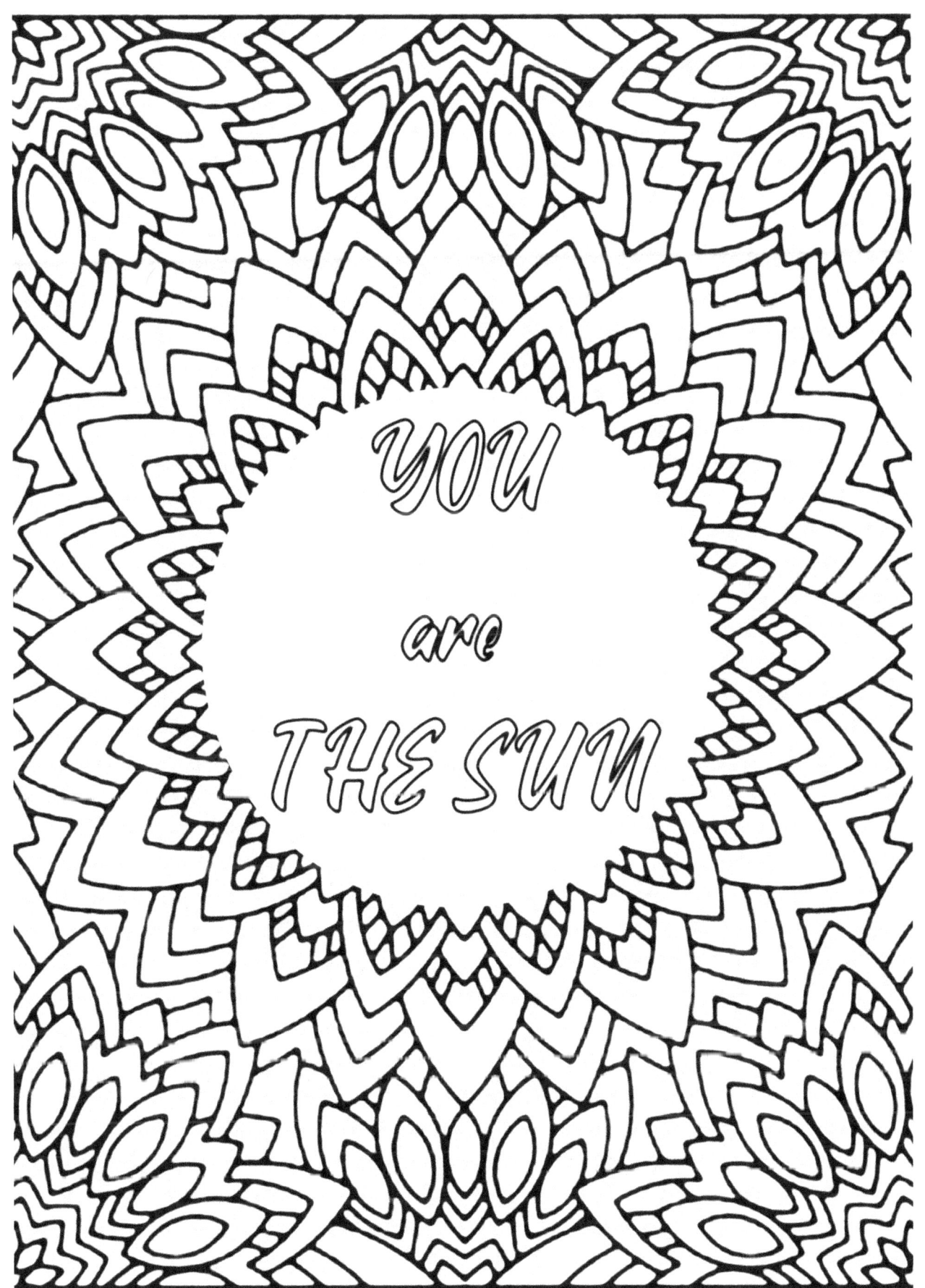

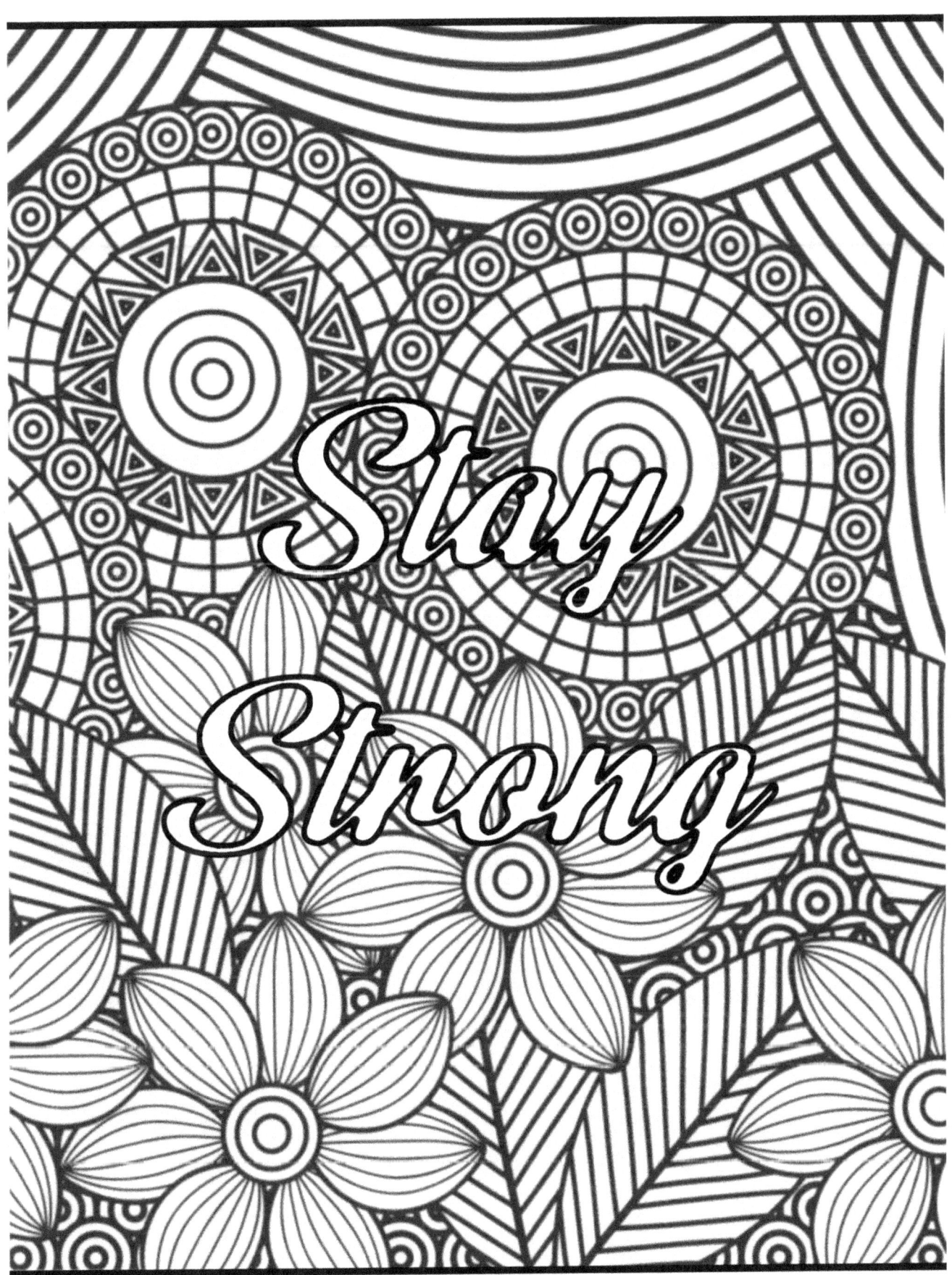

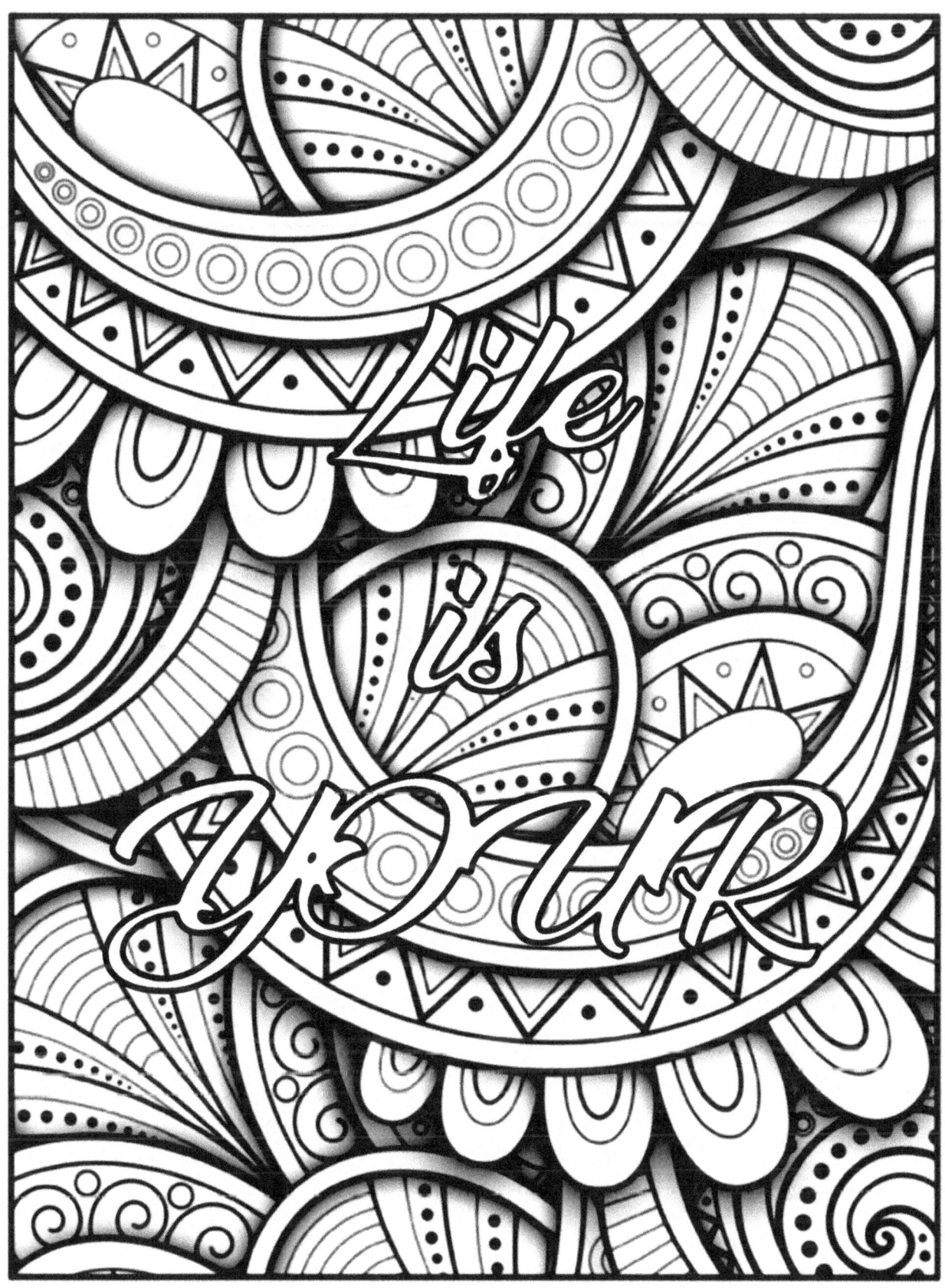

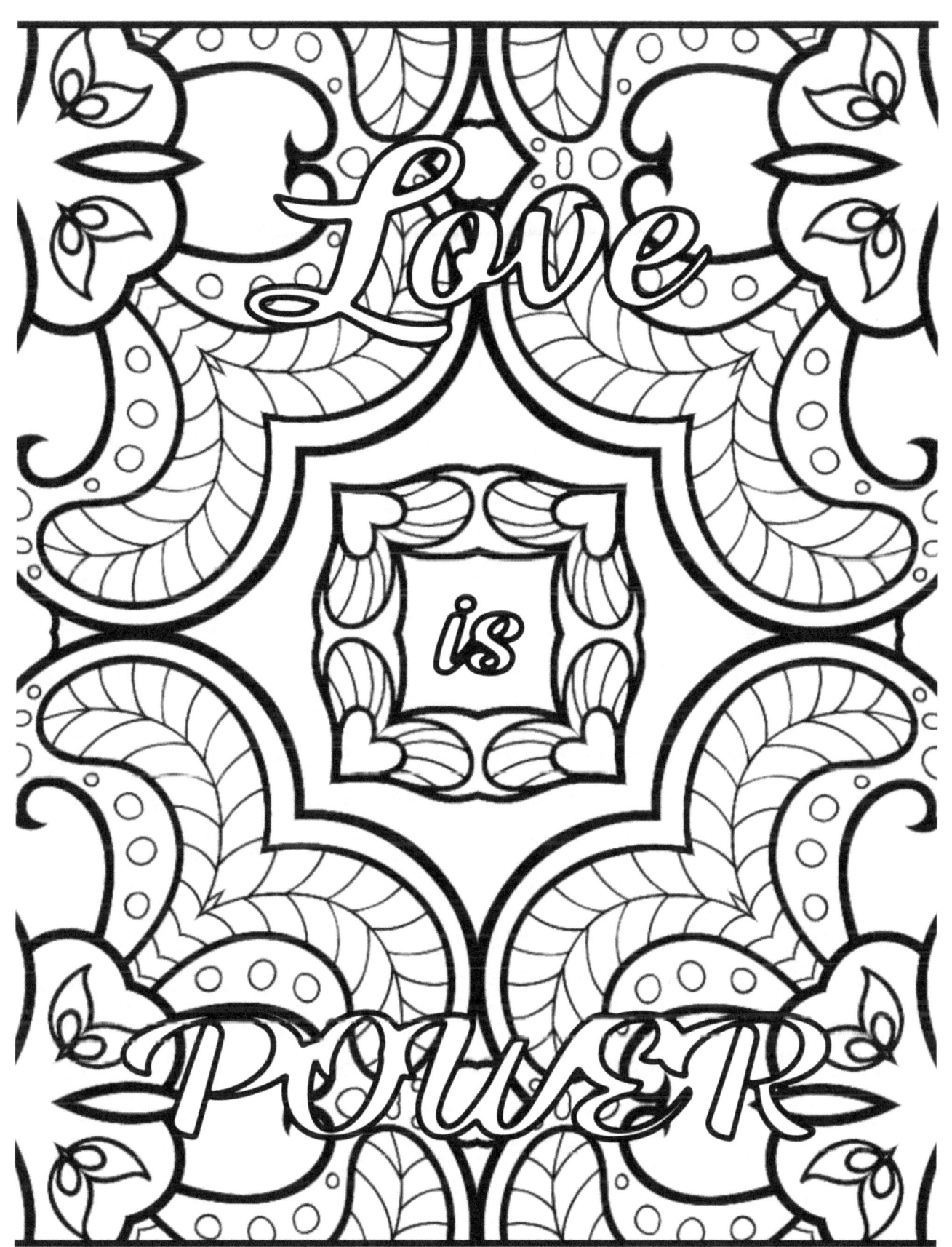

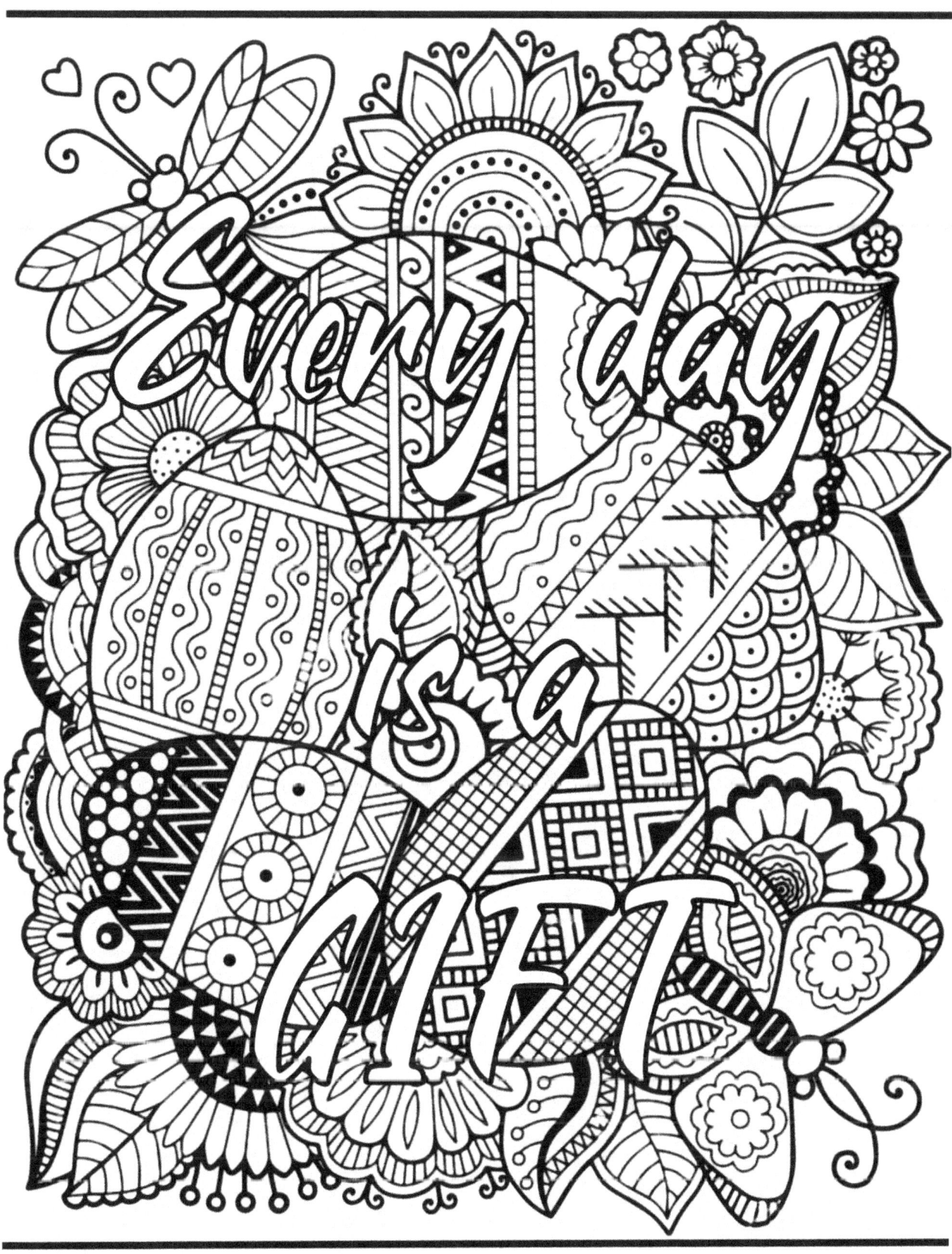

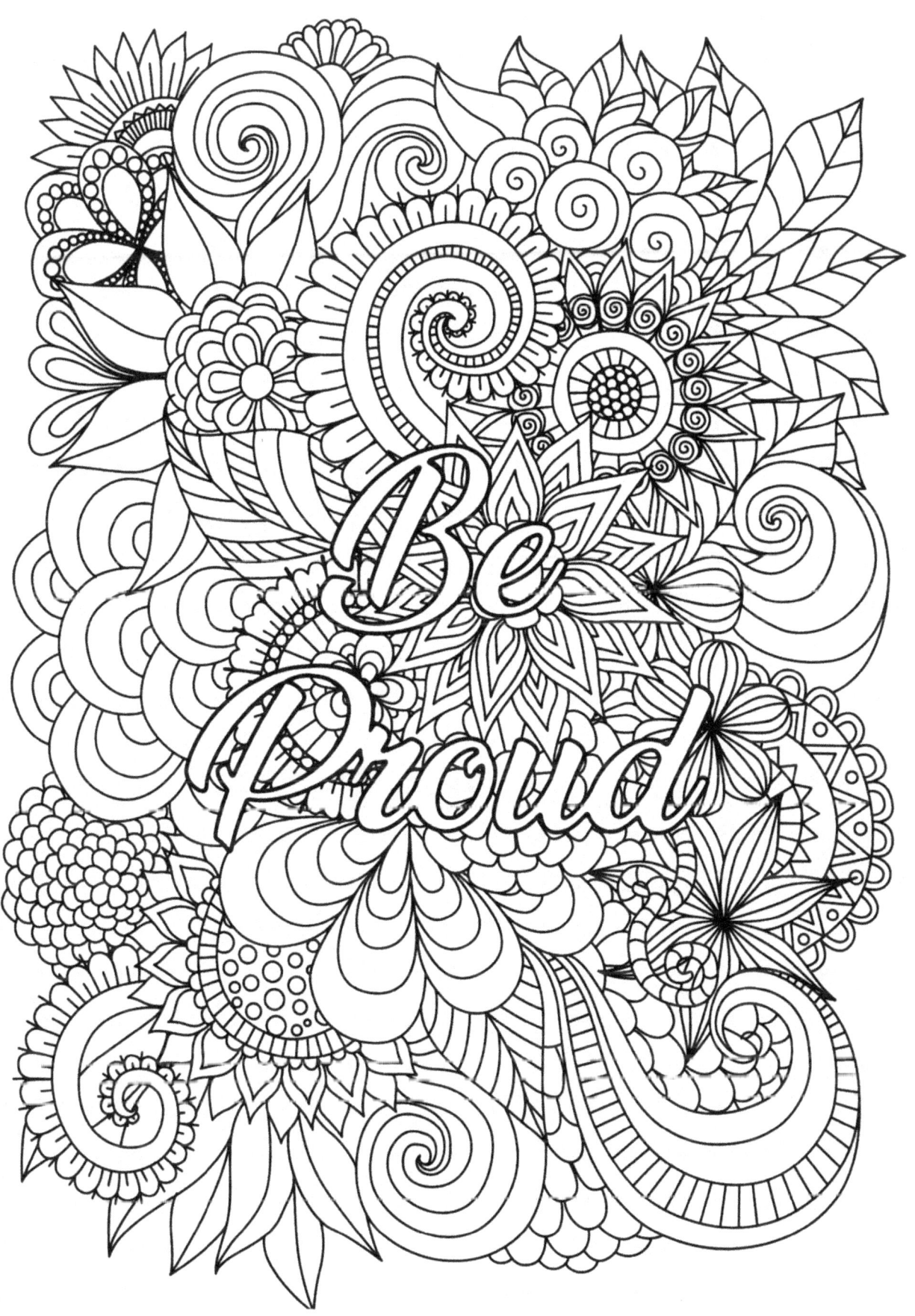

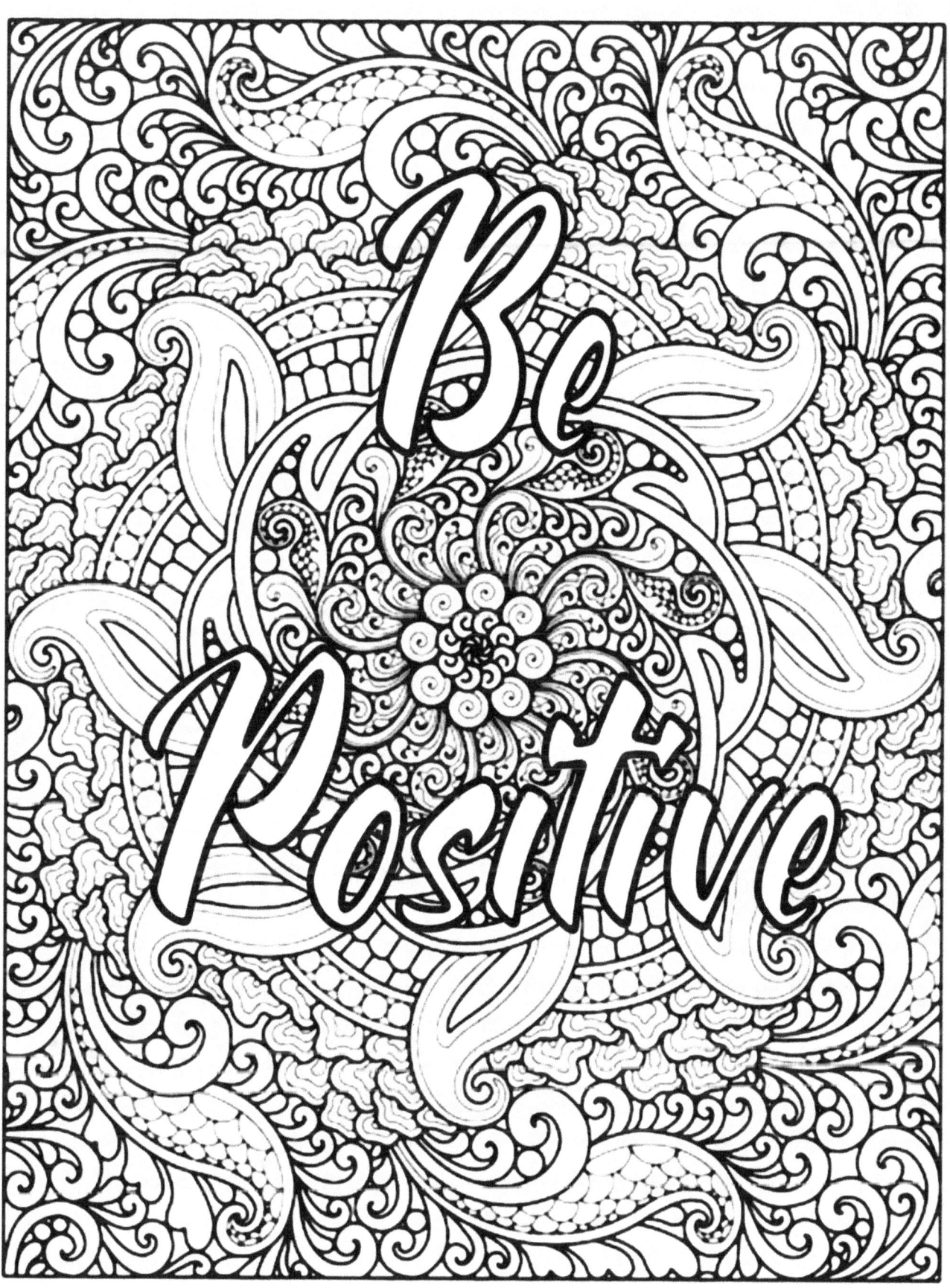

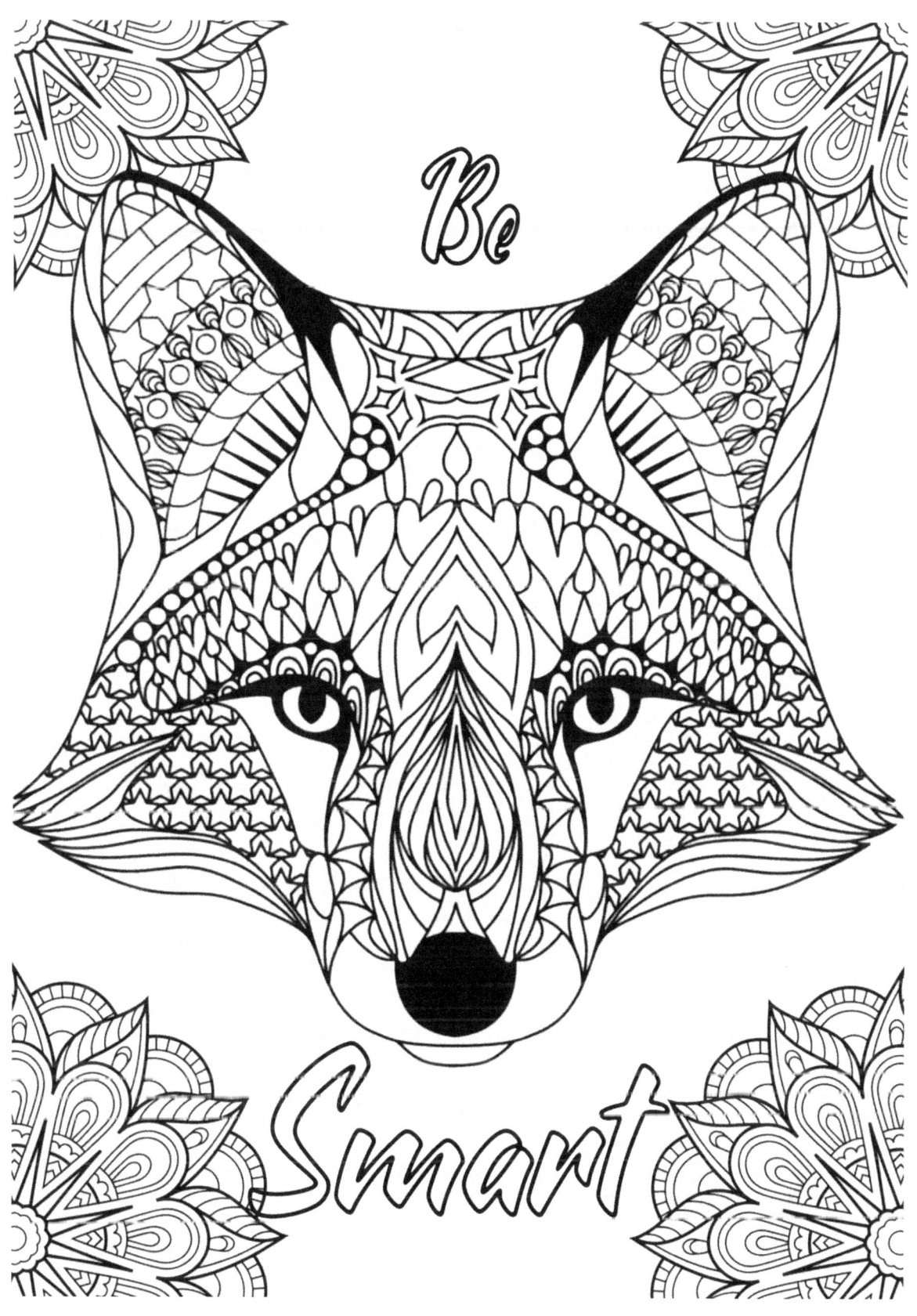